# LILY DEVEZE

# CARCASSONNE

## ET LES CHÂTEAUX CATHARES

BONECHI

# TABLE DES MATIÈRES

*Imprimé en Italie par le Centro Stampa Editoriale Bonechi.*

*Photos des archives de Casa Editrice Bonechi prises par Luigi Di Giovine à l'exception des pages 3, 8-15, 16 en haut, 18 en bas, 20 en haut, 22 en haut, 23, 25, en haut et en bas à droite, 30 en haut, 42, 43, 56, 59 qui sont par Paolo Giambone. Photos pages 61-64: Raymond Roig.*

* * *

# UN PEU D'HISTOIRE

La Nature, l'Art et l'Histoire ont composé pendant vingt siècles cette oeuvre étonnante dont l'ensemble est unique au monde. La Cité n'est pas une forteresse isolée mais une ville fortifiée, en sentinelle sur le récif de la falaise qui domine l'Aude. Ce fleuve sépare la Ville Haute de la Ville Basse, ville moderne d'environ 46.000 habitants, qui date cependant de Saint Louis. Romains, Wisigoths, Sarrasins, Francs, Féodaux, Sénéchaux et Rois de France ont apporté chacun une pierre à l'édifice pour constituer cette armure splendide, porte des Pyrénées, verrou du couloir historique où pendant des siècles a déferlé, flux et reflux, la marée des invasions, de la Méditerranée en Aquitaine, de l'Espagne aux rives de la Loire.

La Cité est un livre de pierres dans lequel on peut lire l'histoire de chaque époque et s'instruire sur tous les systèmes d'architecture militaire, depuis les Romains jusqu'au XIVe siècle. Les Romains se sont établis dans notre région au cours du deuxième siècle précédant l'ère chrétienne et commencèrent par installer un ouvrage d'observation et de défense, un castellum de moyenne importance, sur l'emplacement d'un ancien oppidum celtique de la tribu des Volces Tectosages. Puis, plus tard, une colonie de vétérans romains s'agglomèra autour du poste fortifié et ce fut le commencement de la Bourgade qui, au cours des siècles, finit par entourer du Sud-Ouest

au Nord-Est la fortification. En effet, on trouve dans les tables de l'Empire romain, que l'an 20 av. J.-C., la «Colonia Julia Carcaso» fut recensée et pendant quatre siècles Carcassonne jouit de la grande paix romaine. Ce ne fut que lorsque les hordes barbares commencèrent à faire craquer les frontières de l'Empire sur les bords du Rhin, que les empereurs demandèrent aux Cités de l'intérieur de relever leurs fortifications et à celles qui n'en avaient pas, d'en construire. Après la chute de Rome, les Wisigoths s'emparèrent de Carcassonne. La Cité devint pour eux une base d'opération, un grand quartier général qu'ils occupèrent près de 300 ans, d'environ 440 à 725. Ils restaurèrent les remparts. Mais dès 725, ce fut l'invasion sarrasine, violente et brutale. Ces musulmans venaient d'Espagne et leur emprise a laissé sur le monument plus de souvenirs et de légendes que de constructions; pas même la tour Pinte ne peut se réclamer de leur passage. Mais Charles Martel fit triompher la cause chrétienne et les Francs Carolingiens devinrent les maîtres puissants.

L'Empire de Charlemagne ayant reporté la frontière Sud en Catalogne, la Cité perdit un peu de son importance militaire et on ne trouve aucun événement marquant pendant cette période.

Ce n'est qu'après la mort de l'Empereur et lorsque son Empire se désagrégea rapidement que les envoyés du pouvoir central se rendirent, peu à peu, in-

Vue générale de la Cité du Nord-Ouest

Panorama de la Cité, front Sud-Est

dépendants. *Ce fut le début de l'époque féodale pendant laquelle les Comtes et Vicomtes de Carcassonne font une chaîne continue pendant trois siècles. Les Comtes et en particulier Roger le Vieux ainsi que la dynastie des Trencavel, s'abritaient dans la Cité; l'oeuvre capitale des Trencavel est le château et la nef romane de la Basilique Saint-Nazaire.*

*Quoique l'on en dise, on voyageait beaucoup au Moyen-Age et le commerce était florissant dans notre région, grâce aux échanges commerciaux avec le Moyen-Orient par contre, ces échanges amenèrent, dès le XIe siècle, l'introduction d'une doctrine appelée le Catharisme ou l'Albigeisme. Cette doctrine est basée sur le dualisme oriental. Voici les principales caractéristiques: le Dieu du Bien, créateur de tout ce qui touche l'esprit et le principe du Mal, créateur du monde visible, donc de l'homme, ainsi que de la matière et de tout ce qui a une existence terrestre. La morale de cette doctrine était si sévère et d'une austérité telle que seuls les initiés, ayant déjà reçu le «consolamentum», le Seul sacrement de cette doctrine, pouvaient la pratiquer. Cette élite formée, par les initiés, appelés les «Purs et les Parfaits» du nom grec «catharos» (pur) constituait en grande partie le Clergé de la secte. Par contre, les sympathisants et croyants pouvaient vivre à leur guise et reçevaient, en cas de danger de mort, le sacrement du consolamentum.*

*Lorsque les croisés du Nord déferlaient sur le Midi, afin d'exterminer ces Cathares ou Albigeois, la Cité résista à l'assaut et Raymond-Roger Trencavel supporta, isolé, l'attaque des barons du Nord. Seul le manque d'eau, mais aussi la trahison le livra le 15 Août 1209 à Simon de Montfort. L'héritage de la Croisade échoit en 1229 à Saint Louis. La Cité féodale subit encore le terrible siège de 1240 où le fils de Trencavel vint attaquer les vainqueurs d'Outre-Loire. Il échoua cependant et après ce siège, Saint Louis comprit qu'il fallait donner une armure plus forte à la Cité. Il entreprit de faire renforcer considérablement cette place si près de la frontière Sud de son royaume. Ses maîtres d'oeuvre commencèrent par élever toute l'enceinte extérieure autour de l'enceinte intérieure. La muraille fut munie aux accès de la Cité de défenses avancées en demi-lune, appelées «barbacanes» et flanquée de nombreuses tours, afin de ne pas gêner le tir de l'enceinte intérieure. La construction d'une enceinte extérieure fait bien plus que doubler la protection de l'ouvrage qu'elle enveloppe, en obligeant l'ennemi à surmonter deux obstacles au lieu d'un seul.*

Mais ce fut Philippe le Hardi, fils de Saint Louis, qui de 1270 à 1285, donna à la Cité tout son développement et son armure royale de guerre. L'art militaire a évolué et a atteint le sommet du génie défensif. Entre les deux enceintes, le terrain en pente a été nivelé pour créer les Lices; il a fallu pendant ce creusement reprendre en sous-oeuvre les fondations romaines ou féodales de l'enceinte intérieure, ce qui explique que ses tours reposent sur un support d'architecture royale du XIII<sup>e</sup> siècle. Enfin la Basilique Saint-Nazaire et Saint-Celse est le miracle de l'union des deux architectures féodales et royale, par l'accord exceptionnel d'une nef romane avec un transept et choeur gothiques. Avec le gouvernement royal la Cité devient imprenable; les ouvrages de cette forteresse sont si redoutables que le Prince Noir, fils d'Edouard III d'Angleterre, lors de sa chevauchée en 1355, pendant la Guerre de Cent Ans, brûle la Ville-Basse, construite par Saint Louis, mais évite la Cité. Mais au XVII<sup>e</sup> siècle le Traité des Pyrénées, lui enlève son rôle stratégique, en repoussant la frontière entre la France et l'Espagne jusqu'aux Pyrénées, et la déchéance commence. En 1791, la Cité est mise au rang de place de guerre de troisième classe et finalement rayée comme place de guerre en 1806. En 1836, M. Jean-Pierre Cros-Mayrevieille, un Carcassonnais, qui aimait profondément sa ville natale et qui est le véritable sauveur de la Cité, appela l'attention du gouvernement sur les monuments de la Cité, et pendant de longues années il ne cessa d'en réclamer la restauration. En 1840 on commença les travaux de réparation de la Basilique Saint-Nazaire. Mais en 1850 le Prince-Président, futur Napoléon III, raya pour des raisons financières la Cité du tableau des monuments historiques. Cros-Mayrevieille, appuyé par la Société des Arts et Sciences et par le conseil municipal, parvient à faire rapporter le décret et la Cité fut rattachée au service de la Défense Nationale, et fut reclassée parmi les places fortifiées de France. Prosper Mérimée étant devenu inspecteur général des monuments historiques, accomplissait un voyage d'études dans le midi et visita Carcassonne. Il lança un appel énergique vers Paris et Viollet-le-Duc qui avait dirigé seul les travaux de l'église depuis 1844, fut enfin chargé vers 1853 «des travaux de restauration et de consolidations des tours et remparts de la Cité, sous la direction du Comité des Monuments historiques du Ministère de l'Intérieur». D'innombrables discussions furent déclenchées par la restauration de la Cité par Viollet-le Duc; elle est cependant une des moins contestables du grand Architecte, qui grâce à son ardeur a conservé à la France un monument unique dans le monde.

Vue aérienne de la Cité, prise du Nord.

# CARCASSONNE

Tour du Grand Canissou
Tour de Cahuzac
Tour Carrée de l'Evêque
Tour de l'Inquisition
Tour du petit Canissou
Tour du Grand Burlas
Tour du Four St Nazaire
rue de la ?
Tour Mipadre
Théâtre
Tour du Moulin du Midi
Place St Nazaire
rue Saint Louis
Tour d'Ourliac
rue dame Carcas
Tour St Nazaire
Basilique St Nazaire et St Celse
Porte St Nazaire
rue Trencavel
Barbacane Crémade
Tour St Martin
rue du petit puits
Tour des Prisons
Puits du Plô
rue du ?
Tour de Casteras
Tour du Plô
Tour Cautières
Tour de Balthazar
Tour Pauléto
échauguette de l'est
Tour de la Vade

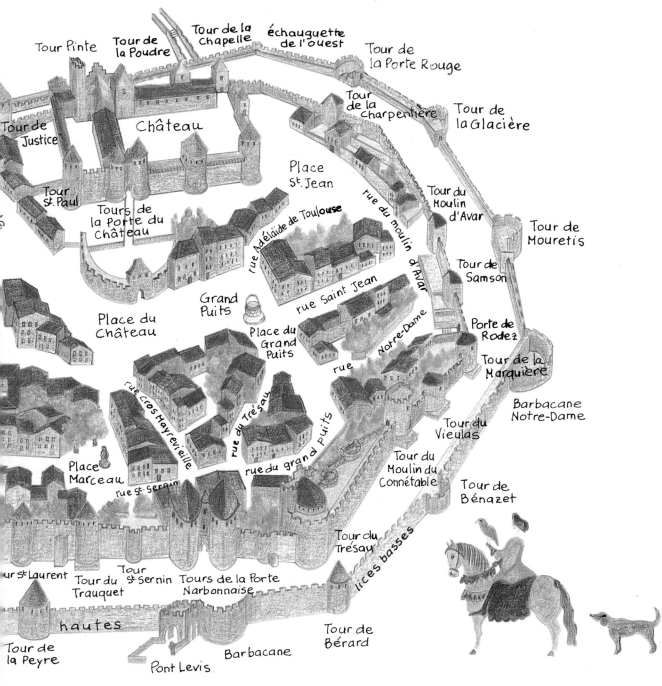

Tour Pinte
Tour de la Poudre
Tour de la chapelle
échauguette de l'ouest
Tour de la Porte Rouge

Tour de la charpentière
Tour de la Glacière

Tour de Justice
Château

Place St. Jean

Tour du Moulin d'Avar

Tour de Mouretis

Tour St. Paul
Tours de la Porte du Château

rue Adélaïde de Toulouse

rue du moulin d'Avar

Tour de Samson

Place du Château

Grand Puits

rue Saint Jean

Notre-Dame

Porte de Rodez

Place du Grand Puits

Tour de la Marquière

rue

rue cros Mayrevieille

rue du Trésau

rue du grand Puits

Tour du Vieulas

Barbacane Notre-Dame

Place Marceau

rue st. sernin

Tour du Moulin du Connétable

Tour de Bénazet

Tour du Trésau

lices basses

ur st Laurent
Tour du Trauquet
Tour st. Sernin
Tours de la Porte Narbonnaise

hautes

Tour de Bérard

Tour de la Peyre
Barbacane
Pont Levis

*Ci-contre:* la Tour du Trésau..

Les deux tours Narbonnaises flanquant la porte principale à l'Est.

# LE PONT VIEUX

Le pont vieux date à peu près de l'époque où fut construite la ville basse sous Saint Louis, entre 1247 et 1260. Son aspect rappelle assez bien celui du Pont Saint-Esprit sur le Rhône. Sa longueur est de 210 mètres, sa largeur de 5 mètres dans les voies ordinaires et de 9 mètres dans les «becs», sorte de refuges pour piétons. Ses 12 arches à plein cintre sont d'inégale largeur: la plus large compte 14 mètres, la moins large 10. Une croix placée dans le troisième bec en venant de la Cité, rappelle l'ancien arceau formant la limite des deux communautés: la Ville Haute et la Ville Basse.

# LA PORTE NARBONNAISE

La Porte Narbonnaise est l'entrée principale et est nommée ainsi, parce qu'elle ouvre vers l'est, du côté de la ville de Narbonne. Elle est formée par deux tours jumelles, encadrant le passage de la porte, et réunies par un corps de bâtiments, qui surmonte celui-ci. Les portes ayant été les points les plus vulnérables dans les villes fortifiées du Moyen-Age, nous ne nous étonnerons pas que la disposition classique atteint ici une rare puissance. De nombreux ouvrages ont précédé la Porte Narbonnaise, mais l'édifice que nous avons sous nos yeux est l'un des plus beaux que nous ayons conservé du Moyen-Age.

Les tours ont une hauteur de 25 mètres, toitures non comprises et l'épaisseur est de près de 4 mètres à la base et d'environ 2 mètres 80 plus haut. Il faut tenir compte que lorsque la défense d'un point d'appui se faisait par l'arbalète ou l'arc, plus l'on tirait de haut, plus le projectile portait loin.

## L'EXTERIEUR DES TOURS NARBONNAISES

Les tours Narbonnaises qui défendaient la seule porte carrossable de la Cité furent construites vers 1280, sous le règne de Philippe le Hardi et sont caractérisées par ces beaux blocs de grès en bossage qu'on a à cette époque. Ces pierres en relief étaient peut-être moins vulnérables que les autres en faisant rebondir les projectiles. La défense de ses tours comporte à l'extérieur un bec ou éperon, ressemblant à une proue de navire. Cet éperon augmente à la base la force de résistance au point le plus exposé à la sape et en haut, il développe la ligne de tir des hourds; réciproquement, il permet aux défenseurs postés sur les courtines de découvrir, suivant un meilleur angle, les pionniers attaquant les pieds des tours. Quant à la porte elle-même, elle était défendue par un luxe inouï de précautions. En premier lieu, une chaîne était tendue en travers de l'édifice pour briser l'élan d'une cavalerie.
Il y avait ensuite un «mâchicoulis», sorte d'ouverture dans la voûte du portail pour lancer des projectiles et, aussitôt après, une herse métallique qui coulissait dans les rainures qu'on voit encore. Derrière cette herse se trouvait une porte bardée de fer, puis un mâchicoulis central, sorte de trappe, appelée aussi «assomoir». Un troisième mâchicoulis central, sorte de trappe, appelée aussi «assomoir». Un troisième mâchicoulis, une deuxième porte et une deuxième herse. Les défenses extérieures de la porte sont le fossé, le pont-levis et la barbacane dont l'entrée est biaise et forçait les assaillants à se présenter de flanc. En résumé, les tours Narbonnaises offrent un tableau complet des défenses du XIII$^e$ siècle; elles étaient, avec le château, l'ouvrage militaire le plus important de la Cité.

## LA LEGENDE DE DAME CARCAS

En avant du pont-levis, on voit la statue de cette héroïne légendaire.
Dame Carcas était la femme du roi sarrasin Balaack. Charlemagne ayant mis le siège devant Carcassonne, résolut de prendre la ville par la famine. Le siège

Le buste de Dame Carcas avec l'inscription «SUM CARCAS».

Vue du pont-levis.

dura cinq ans, au bout desquels presque toute la garnison était morte de faim. Dame Carcas fabrique alors des mannequins, qu'elle place le long des remparts et passe ses journées à tirer des flèches sur le camp ennemi. Il lui resta un seul porc auquel elle fit manger son dernier blé et ainsi gavé, elle précipita l'animal du haut d'une tour. Eventré par la chute il répandit une telle quantité de blé mal digéré que Charlemagne, découragé, leva le siège. Mais la gloire d'avoir vaincu par la ruse le grand Empereur suffit à Dame Carcas, qui fait sonner les trompettes pour rappeler Charlemagne; celui-ci n'entend pas: «Sire, Carcas te sonne» lui dit un écuyer. D'où, dit-on est venu le nom de la ville.

# L'INTERIEUR DES TOURS NARBONNAISES

Après avoir considéré un instant la masse imposante des hautes tours entre lesquelles s'ouvre la porte, nous allons examiner les défenses intérieures de ces tours qui étaient tout à fait autonomes au XIIIᵉ siècle. A l'intérieur de la ville, les deux tours sont aplaties et réunies par une énorme muraille. Elles ne forment qu'un seul ouvrage. Nous appelons la tour qui est du côté de la tour du Trésau (à gauche), par le nom de la tour du Nord, et l'autre par celui du Sud. La salle du rez-de-chaussée de la tour Sud pourrait s'appeler «Salle du Charnier», car, dans une vaste cave, dont l'ouverture carrée existe toujours, la garnison gardait ses provisions. Il y avait des porcs et boeufs salés, du blé, des fèves, de l'huile, une grande quantité de sel et, bien entendu, du vin. Quatre meurtrières s'ouvrent le long de la paroi donnant sur les Lices, et deux autres donnent dans le passage voûté. A gauche, un escalier monte au premier étage.

Dans la tour Nord, la salle du rez-de-chaussée pourrait s'appeler la «salle de la Citerne». Cette citerne pouvait contenir une centaine de M³ d'eau. Elle a une profondeur d'environ 7 mètres sur 3 mètres de diamètre. Elle se remplissait sans doute par le captage des eaux pluviales, qui arrivaient par des canalisations en plomb ou en terre cuite. Il y avait un système de vidange qui permettait l'évacuation des eaux pour le nettoyage de la Citerne; les eaux s'écoulaient alors dans les fossés. La salle comporte également six meurtrières, dont l'une est dans l'axe de l'éperon. Les crochets qui sont en haut des ouvertures pouvaient, soit supporter les arbalètes des hommes d'armes, soit, selon une nouvelle théorie, servaient d'assujetir les volets qui fermaient les meurtrières. Au premier étage, chaque tour avait une porte d'entrée communiquant avec le chemin de ronde. Les salles du premier étage de la tour Nord et Sud se ressemblent; elles sont vastes et belles et chacune avait sa cheminée et son four. Les arceaux des voûtes sont soutenus par des culs-de-lampe intéressants et variés. Entre les deux salles, il y a une petite pièce qui servait uniquement à la défense de la Porte Narbonnaise. Le deuxième étage n'est pas

Le buste de Dame Carcas avec l'inscription «SUM CARCAS».
Vue plongeante sur le pont-levis.

Le front Est du Château, vu de l'interieur de la Cité.

L'entrée du château, flanquée de deux tours.

divisé par des murs et ne forme qu'une vaste salle éclairée par cinq fenêtres gothiques qui s'ouvrent sur la ville. On l'appelle la «Salle des Chevaliers». Il y a un troisième étage sous comble. En résumé, les tours Narbonnaises sont organisées pour soutenir un long siège à elles seules. Quand on compare les tours Narbonnaises et leur voisine, la Tour du Trésau avec celles du château, qui sont évidemment fort belles, on voit se manifester d'une façon saisissante la différence qui existait entre un seigneur féodal, et le roi de France. Viollet-le-Duc a calculé qu'il fallait un effectif de cinquante hommes pour les tours Narbonnaises.

## LE CHATEAU

Viollet-le-Duc a attribué son édification à la période de 1130. Le château a donc été construit par Barnard Aton Trencavel, fondateur de la dynastie ou son fils, Roger III. C'est ici que vécurent les vicomtes Trencavel et ce fut là que, prisonnier, Raymond-Roger Trencavel est mort en 1209. Ensuite, Simon de Montfort y a établi son quartier général. Pendant l'époque royale, les sénéchaux successifs y ont résidé. Ils étaient chargés d'administrer le domaine royal sous l'autorité d'un gouverneur, qui était le représentant direct du roi. Sous l'ancien régime on détenait au château des jeunes gens dont les parents voulaient réprimer l'inconduite. Au XIXe siècle, le

château devint une caserne et pendant la première guerre mondiale, près de 300 officiers allemands y furent emprisonnés. En Mars 1944, la Cité devint quartier général des Allemands et les habitants étaient obligés de quitter leurs habitations, mais en reprirent possession dès le 20 Août 1944, après la libération.

Ce château au Moyen-Age était l'ultime refuge, une forteresse à l'intérieur d'une forteresse. Les trois façades est, nord et sud ne pouvaient tirer leur protection que de la science du maître d'oeuvre. Sur ces trois fronts en question, son enceinte dessine un rectangle parfait. Elle consiste dans un muraille robuste, armée d'un crénelage dont les merlons épais sont percés, à raison d'un sur deux, d'une meurtrière longue et étroite, pour le tir de l'arc. Sur ce front Est il y a 5 tours cylindriques à l'extérieur et plates vers l'intérieur. Elles sont divisées en quatre étages dont les salles circulaires du rez-de-chaussée et du premier étage sont voûtées en calottes hémisphériques ou coupoles. Il y a deux rangées de meurtrières dans les courtines et les tours ont des meurtrières à tous les étages. Ces meutrières sont percées en chevauchement afin de ne pas affaiblir la maçonnerie. Dans ce château de Carcassonne où prend naissance la grande architecture militaire féodale, on trouve, d'après Raymond Ritter, tous les organes défensifs principaux, qui jusqu'au XVIe siècle, plus ou moins adaptés et perfectionnés, mais toujours reconnaissables, constitueront l'abécédaire du constructeur militaire.

Vue sur le front Est du château; à droite, on voit les hourds, au sommet du rempart et de la tour.

# FACE EST DU CHATEAU ET SES DEFENSES

Lorsqu'on se présente devant le côté Est du château, on aperçoit d'abord la porte d'une barbacane semi-circulaire qui s'étendait en avant du fossé. Cette porte a conservé son système de défense; d'abord d'énormes gonds encore en place pour la porte en bois à deux vantaux, puis des meurtrières et des créneaux garnis de volets. La partie supérieure de la barbacane était ouverte du côté du château, pour que les assaillants ne puissent se servir contre celui-ci, au cas où la barbacane serait tombée en leur pouvoir. Cette barbacane à l'intérieur de la ville fut créée sous Saint Louis pour protéger les abords du château contre une défection éventuelle des habitants ou contre un ennemi qui aurait réussi à prendre pied dans la Cité. Le fossé était, autrefois, plus profond, mais il ne contenait pas d'eau. Il servait tout simplement à empêcher l'approche des machines de guerre. Primitivement, le pont en pierre s'arrêtait à environ deux mètres avant d'arriver à la porte d'entrée du château et le passage s'opérait par un pont mobile en bois. L'usage du pont-levis ne s'est généralisé qu'à partir du XIVe siècle. Sur tout le front Est nous voyons une double rangée de trous carrés, appelés aussi «trous de boulin» pour l'installation des hourds ou hourdages, sorte de galeries en charpente. Lorsqu'on constate l'étroitesse des chemins de ronde et l'impossibilité pour l'homme d'armes de défendre le pied des remparts sans sortir la moitié du corps, on comprend qu'il a fallu remédier à cet inconvénient. On a donc placé de fortes solives dans ces trous carrés à la hauteur du chemin de ronde. A l'extrémité des solives, sur le côté extérieur s'emboîtaient des poutres inclinées, réunies par une cloison de planches. Sur ces solives s'établissait un plancher dans lequel on laissait un espace vide, pareil à un mâchicoulis; le tout était recouvert d'un toit. Les hourds que nous voyons sur nos photos des pages 14 et 15, ont été reconstitués d'après des dessins de Viollet-le-Duc. L'avantage de ces hourds était que les défenseurs pouvaient se tenir à l'extérieur du crénelage, complètement à l'abri et dominer la base des remparts. Les approvisionnements s'accumulaient sur le chemin de ronde d'où on les faisait passer à l'extérieur par les créneaux, servant de

Le côté Ouest du château, vu de la cour d'honneur.  Il abrite au premier étage le Musée lapidaire.

portes. L'arc en plein cintre bandé entre les deux tours qui flanquent la porte d'entrée, dissimule un mâchicoulis, derrière lequel il y avait une première herse et des vantaux. Par mesure de précaution, il y avait encore une deuxième herse doublée d'un mâchicoulis et une deuxième porte.

La Barbacane du château à l'intérieur de la ville.

Le front Ouest du château et au premier plan «la Grande Caponnière».

# LES TOURS DU FRONT OUEST DU CHATEAU ET SES DEFENSES DU COTE DE L'AUDE

La Grande Caponnière ou chemin couvert était un escalier crénelé dont il subsiste une partie. Ce chemin fortifié descendait jusqu'à la grosse tour de la Barbacane construite par Saint Louis sur l'emplacement d'un ouvrage encore plus ancien. La Barbacane fut démolie vers 1816 et Viollet-le-Duc a construit sur une partie de son emplacement l'église Saint-Gimer, vers 1850. La grande Caponnière mettait la Cité en communication avec la Barbacane, qui protégeait les abords de la Cité du côté de la rivière, dont nous savons qu'elle coulait autrefois plus près de la Cité que de nos jours. Après la fondation du Bourg ou Ville Basse, Saint Louis a fait changer le cours de la rivière et assécher les marécages. L'Aude coule actuellement à mi-chemin entre la Ville Basse et la Cité.

Nous voyons sur la photo ci-dessus le front Ouest du château qui s'appuie sur le rempart gallo-romain. De gauche à droite: la tour de la Poudre, qui est du XIIIᵉ siècle, l'échauguette ou tourelle d'observation du château, les Pseudo-donjons, la tour Pinte et à l'extrémité droite, la tour de la Justice. Il est, en vérité, frappant que ce château n'ait pas de véritable donjon, alors qu'à l'époque de sa construction, les donjons se multipliaient au Nord de la Loire. Les maîtres d'oeuvre se sont contentés d'élever sur une base gallo-romaine une tour sur plan barlong, appelée la tour Pinte ou «Pinto», qui a 28 mètres de hauteur, une tour d'observation dont l'un des usages était de servir à la transmission des signaux. Viollet-le-Duc y a trouvé toutes les caractéristiques de l'époque romane, il est donc exclu qu'elle soit de l'époque sarrasine. Elle appartient, sans doute, à la première campagne de construction du château (1130) et elle n'est pas voûtée. Elle était divisée en dix étages par des planchers, qui ont tous disparus; il est donc impossibile de parvenir au sommet de la tour. Des échelles ou escaliers en bois mettaient, sans doute, les étages en communication. Une fable nous raconte que la tour Pinte se serait «décoiffée» devant l'Empereur. Il est question de cette légende dans la «Chronique de Charlemagne» attribuée à Turpin.

Entre la tour de la Poudre et l'échauguette du château, on aperçoit un arceau, au bas duquel s'ouvre la porte Ouest du château. On ne pouvait accéder au Château par l'enceinte et ses deux seules portes étaient celle à l'ouest et l'autre, située à l'est, à l'intérieur même de la ville.

Les tours jumelles de la porte d'entrée.
Chemin de ronde du château, abrité par le toit des hourds.

# LES TOURS DE LA PORTE EST DU CHATEAU ET LE LOGIS DES TRENCAVEL

A l'intérieur, ces tours de la porte forment un ensemble homogène comme les tours Narbonnaises. Cependant, les étages supérieurs ne communiquaient avec le bas que par des échelles de bois appliquées à l'intérieur, le long du mur plat qui donne sur la cour. Du deuxième étage on communiquait avec le premier au moyen d'une trappe ouverte dans la voûte. Dans cet ouvrage de défense si complet comme dans toutes les tours ou portes de l'enceinte et du château, tout est disposé pour que le commandement puisse venir du haut, là où les moyens de défense étaient déployés. Au second étage, on est surpris de voir une belle fenêtre géminée de style roman dans un édifice aussi austère.

Le côté Sud de la cour est occupé par un corps de bâtiments qui sépare la grande cour d'honneur où nous nous trouvons, de la petit cour intérieure. Ce logis renfermait la grande salle et les appartements seigneuriaux et les cuisines qui étaient dans le sous-sol.

Au centre de la Cour d'honneur devait se trouver l'orme féodal, emblème seigneurial dont il est souvent question dans les actes de l'époque. Il est probable qu'à son ombre se soient tenues les assises poétiques des Cours d'Amour présidées par Adélaide de Burlats, fille du Comte de Toulouse, femme de Roger Trencavel et mère de l'infortuné Raymond-Roger, qui fut victime de la Croisade.

La tour Pinte, vue de la petite cour intérieure du château.

Tête funéraire, marbre, époque gallo-romaine.

Terre cuite funéraire, époque gallo-romaine.

Musée lapidaire, première salle: les trouvailles romaines.

## MUSEE LAPIDAIRE - LA SALLE GALLO-ROMAINE

Ce musée installé dans le château et dont nous ne citons que quelques pièces, est formé de deux apports principaux: Les Fonds Viollet-le-Duc, comprenant une série de sculptures originales (XIIᵉ et XIVᵉ siècles) provenant de la Basilique Saint-Nazaire, ainsi que des moulages effectués sur les originaux et enfin, les maquettes faites sous la direction de Viollet-le-Duc, pour la restauration des sculptures extérieures et intérieures de cette église.

D'autre part, une quantité d'autres objets d'un grand intérêt furent achetés par la Société des Arts et des Sciences de Carcassonne. Tous ces objets sont d'origine locale.

La plus belle pièce dans la salle dite «romaine» est le sarcophage de Tournissan du IVᵉ siècle. Derrière lui se trouve une borne milliaire, celle de Numérien, «prince de la jeunesse». Au fond on voit des amphores et des meules à huile. A droite, au premier plan on remarque un sarcophage de l'époque wisigothe, caractérisé par son couvercle à quatre pans.

La salle romane du Musée lapidaire.

Des croix tombales.

# LA SALLE ROMANE

Nous apercevons au milieu une des plus belles pièces: une fontaine d'ablution du XIIe siècle, en marbre. A droite, contre le mur, se trouve un sarcophage paléo-chrétien sur lequel sont représentés la feuille de vigne et l'épi de blé, des symboles chrétiens. Derrière le sarcophage, il y a un antépendium à entrelacs, en provenance de la Basilique Saint-Nazaire. Nous voyons également des chapiteaux originaux du portail Nord de Saint-Nazaire et, au fond, au milieu, les chapiteaux et colonnes d'origine, en provenance de la galerie couverte, appelée « la galerie des Inquisiteurs ».

Les pierres tombales ou stèles discoïdales en provenance des anciens cimetières de l'église Saint-Michel de Carcassonne et du Lauragais (XIIIe-XIV[e] siècles) ont donné sujet à discussions. Certains voulaient y voir des stèles cathares. D'après l'éminent spécialiste, le Professeur René Nelli, seules les stèles où est représentée la croix grecque pourraient être d'origine cathare, car les Cathares avaient adopté la croix grecque par opposition à la croix latine, dans la-

Calvaire de Villanière, face principale: l'Ecce Homo.
Au revers du Calvaire: L'Annonciation.

quelle ils voyaient l'instrument de supplice du Christ. On trouve d'innombrables variantes de ces croix discoïdales dans la région des Pyrenées.

## SALLE DU DONJON

Nous sommes dans la troisième salle du Musée, dans la «camera rotunda» ou chambre ronde, qui est située dans le grand pseudo-donjon. On parle souvent dans les chartes de cette chambre ronde, bien qu'elle soit rectangulaire. Elle doit son nom probablement à sa voûte en berceau. C'est ici qu'on signait les actes importants et c'est ici que se réunissait, dans les grandes circonstances, la Cour du seigneur. Servant actuellement de musée, on y a placé le Calvaire de Villanière, petite localité près de Carcassonne. Il est de fabrication locale, bien qu'il ait un peu l'apparence d'un calvaire bourguignon ou breton. Il représente sur une face «l'*Ecce Homo*» et sur l'autre «l'*Annonciation*». C'est une oeuvre du XVIe siècle, car avant cette époque, on ne représentait pas le Christ souffrant, tel qu'on le voit ici. On le représentait soit triomphant, soit enseignant, comme on le trouve dans la rosace Sud de la Basilique Saint-Nazaire. La face postérieure du Calvaire nous montre «l'*Annonciation*». Au sommet du fût, il y a huit apôtres. Au revers de la croix sont représentés la Vierge et l'Enfant entre deux saints.

Cette salle d'apparat était décorée de peintures murales du XIIe siècle, découvertes et dégagées en 1926.

Comment ne pas évoquer dans ce lieu le personnage le plus attachant, ce Raymond-Roger Trencavel, vicomte de Carcassonne et de Béziers, le héros de l'Indépendance Occitane, qui, seul, s'était levé contre la ruée des Chevaliers du Nord en 1209, lors de la Croisade contre les Cathares ou les Albigeois. Lorsqu'il se rendit à Montpellier devant l'Assemblée des Croisés, présidée par le Légat du Pape, où on l'invita à chasser les hérétiques de ses villes et à les livrer, Raymond-Roger déclara: «J'offre une ville, un toit, un abri, du pain et mon épée à tous les proscrits qui erreront bientôt dans la Provence, sans ville, ni toit, ni asile, ni pain».

Hélas, après le sac de la ville de Béziers et l'extermination de la population, les Croisés mirent le siège devant Carcassonne le premier Août 1209. Ce siège n'a duré que quinze jours, car le manque d'eau a forcé Raymond-Roger à sortir de sa ville pour se rendre au Camp des Croisés.

D'après la «Chanson de la Croisade Albigeoise», on est amené à conclure que Raymond Roger était venu pour parlementer et non pour se livrer. Mais les Croisés l'ont fait prisonnier et il est mort, toujours prisonnier, dans une de ses tours en novembre 1209; il n'avait pas 25 ans.

*Photo ci-dessus*: Peinture murale du XIIᵉ siècle.　　*Photo ci-dessous*: Détail du Calvaire de Villanière.

## LA PEINTURE MURALE

Cette scène représente un combat entre un chevalier français, le cavalier blanc, et un chevalier sarrasin portant un bouclier rond. Il s'agit, soit, d'une scène de la «Chanson de Roland», qui, à cette époque, était très en vogue même dans le Midi, soit, d'un épisode de la Croisade que fit Bernard Aton, fondateur de la dynastie Trencavel, en Espagne où il alla combattre les Sarrasins. Cet épisode remonte vraisemblablement avant 1170, car à partir de cette époque les hommes ne portaient plus le casque conique du cavalier français. On remarque l'allure des chevaux et de quelle manière magistrale l'affrontement des deux cavaliers est dessiné. La peinture murale romane est très rare en Languedoc. Par suite de sa fragilité, la peinture a toujours offert une proie facile

Gisant d'un chevalier.

aux destructions et ceci est particulièrement vrai pour les oeuvres languedociennes du Moyen Age.

## SALLE DU GISANT

Dans la quatrième salle consacrée à l'époque gothique, nous voyons ce grand gisant du XIVe siècle, en provenance de l'Abbaye de Lagrasse, qui fut fondée par Charlemagne. Nous y voyons diverses clefs de voûte, dont une, à l'effigie de Saint Louis; cinq tombes dressées en provenance des couvents des Cordeliers et Augustins de Carcassonne, un bassin de fontaine décoré d'arcatures et de personnages. Adossé à la séparation des deux salles, nous voyons un «ange au sourire» du XIVe siècle, qui ressemble vaguement à «l'Ange au Sourire» de Reims, bien qu'il soit sculpté avec moins de finesse et qu'il ait été mutilé. On l'a trouvé à la Cité lors des travaux du théâtre.

Six personnages sous arcade; bas-relief, en pierre, provenance Basilique Saint-Nazaire.

Arcature formée par trois fenêtres du XIVᵉ siècle,
en provenance de la maison Grassalio de la Ville Basse.

# SALLE
# DE L'ARCATURE

Les trois fenêtres gothiques, ci-
dessus, sont remarquables et da-
tées par la coiffure des personnages qui ornent les arcs. La maison
Grassalio se trouvait sur l'emplacement de l'actuel Hotel des Pos-
tes. La quatrième fenêtre est en
Ville Basse, devant le grand portail
de l'actuelle Cathédrale Saint-Michel.
La Vierge au sourire ou à l'oiseau
est une pièce très intéressante du
XIVᵉ siècle acquise par l'Etat avec
la participation des Amis de la
Ville et de la Cité de Carcassonne.
Comme toutes les Vierges gothiques, elle n'a pas la rigidité des
Vierges romanes. Elle est plutôt
Femme et Mère que Reine. Elle
regarde, souriante, et avec amour
son enfant. La seule chose qu'on
puisse regretter, est, que lors de la
Révolution Française, l'enfant Jésus ait été décapité et que sa tête
ait été remplacée par une tête très
différente.

*Photo ci-contre, à gauche*: Sainte Basilice,
statue en pierre, XIVᵉ s. *à droite*: la
«Vierge au sourire» ou «à l'oiseau».

*Photo ci-dessus*: Dans cette vitrine: des albâtres anglais du XIVe siècle: «Christ à la colonne», «Christ aux limbes», «Christ en croix», «Résurrection», provenant de l'église Saint-Sernin de la Cité.

*Photo ci-dessous, à gauche*: «Christ à la colonne».

*Photo ci-dessous, à droite*: «Christ en croix».

## SAINT-SERNIN ET LE CHRISTIANISME

Le Christianisme fut pratiqué de bonne heure dans la province. Saint-Sernin ou Saturnin, premier évêque de Toulouse y fut martyrisé vers l'an 250. Il fut traîné par un taureau furieux, et l'église du Taur à Toulouse marque l'emplacement où, selon la tradition, le taureau se serait arrêté. La Basilique Saint-Sernin de Toulouse a été élevée sur le tombeau du saint.

Dans la Cité, il y avait également une église Saint-Sernin et le plus ancien acte où elle paraisse est celui de 1308 par lequel l'évêque de Rodier y institua la Confrérie de Saint-Louis à l'usage des Mortes-Payes. L'église fut démolie, par mesure administrative, en 1793. Une belle fenêtre gothique dans la tour du Sacraire de Saint-Sernin, à côté de la tour Nord Narbonnaise, éclairait l'abside de cette église qui s'élevait sur l'emplacement du calvaire qui a conservé son nom et qu'on voit de la Place Marcou. Charles VIII permit l'élargissement de cette fenêtre en 1441. D'après une vieille tradition, cette tour aurait servi de prison à Saint-Sernin.

« La Résurrection » également en provenance de l'ancienne église Saint-Sernin.

1 2

3 4

## 1) LA TOUR SAINT PAUL

Cette tour est à l'angle sud-est du Château; on peut y monter de la petite cour intérieure par un escalier en bois contemporain qui a remplacé l'escalier à vis en pierre, pour y admirer des salles voûtées en calottes hémisphériques ou coupoles, qui sont typiques du XIIe siècle.

## 2) LA TOUR DU GRAND BURLAS ET L'ENCEINTE EXTERIEURE

Cette tour est à l'extrémité sud-ouest de l'enceinte extérieure, qui était l'endroit le plus faible de la Cité avant la construction de l'enceinte extérieure par Saint-Louis, car il était le plus mal défendu par la nature.

## 3) CHAPITEAU ROMAN

Dans la galerie couverte, appelée «la galerie des Inquisiteurs», qui, sans doute, reliait la tour de la Justice au Logis des Inquisiteurs, on a percé trois fenêtres romanes géminées. Les chapiteaux de la première et troisième fenêtre sont entourés de feuilles d'acanthe. Sur celui de la photo, on voit un homme accroupi ayant la main droite sur la poitrine et tenant de cette main un objet peu distinct en forme d'O barré.

## 4) LA TOUR SAINT NAZAIRE

Elle a été en grande partie reconstruite. La partie ancienne comprend les deux étages inférieurs, spécialement destinés à défendre la poterne Sud, qui permet l'accès dans les Lices.

## 5) LA TOUR DU DEGRE

Cette tour interrompt le chemin de ronde du château, sur le front nord. Comme aux tours de l'entrée, un escalier en bois mettait extérieurement les étages en communication. De là, on a une très belle vue sur la Ville Basse.

## 6) L'ENCEINTE INTERIEURE, LA GALERIE COUVERTE, LA TOUR DE JUSTICE ET LA TOUR PINTE

En sortant de la tour de Justice, on passe par la «galerie des Inquisiteurs» à l'extrémité de laquelle il y a un mâchicoulis, situé juste au-dessus de la Porte d'Aude. Au bas de l'escalier, à droite, se trouve l'ouverture d'un second mâchicoulis, puis celle d'un troisième.

5

6

## LA MONTEE
## DE LA PORTE
## D'AUDE

Près de l'église moderne de Saint-Gimer débute la montée de la Porte d'Aude. Elle gravit d'abord l'escarpement Ouest de la Cité, puis, sous la tour du Petit Canissou, la montée fait un angle aigü et se dirige vers le Nord. Elle devient alors un couloir fortifié, bordé à droite par l'enceinte extérieure, à gauche par un mur crénelé. Une porte surbaissée, suivie d'une autre en tiers-point du XIII<sup>e</sup> siècle, constituent «l'avant-porte d'Aude». Contre l'enceinte intérieure, que l'on a sur la droite, ont été dressés des arcs sur contreforts qui supportent des mâchicoulis destinés à interdire l'approche. L'enclos où on se trouve, dominé de toutes parts par des murs crénelés, aurait permis d'exterminer les assaillants éventuels. Une porte débouche au pied de la tour de Justice et un escalier donne accès à la Porte d'Aude, proprement dite, porte qui est surplombée d'un mâchicoulis sur consoles.

*Photo de dessus*: La montée de la Porte d'Aude avec la tour de Justice et le château au fond.

*Photo de dessous*: Le front Sud du château.

## LE FRONT SUD
## DU CHATEAU

Le front Sud du château n'a qu'une seule tour d'angle à droite; c'est la tour Saint-Paul. La tour Pinte qu'on voit à gauche est située au milieu de la courtine Ouest, qui borde la petite cour intérieure du château, qui, du temps des Vicomtes, était garnie d'un large portique sur lequel Saint Louis éleva une vaste salle supportée par un plancher dont les corbeaux sont encore visibles de l'intérieur de la cour. Cette salle était ou la salle d'armes ou la salle d'apparat. D'ailleurs, ce fut à cette époque que la courtine Sud fut percée de la belle fenêtre gothique que nous voyons sur la photo. Pendant le période du Festival de la Cité, on donne dans la petite cour des représentations, concerts et ballets.

Les défenses extérieures du Château, dont l'ensemble est aussi appelé "le grand Châtelet".

La masse imposante du château illuminé.

La montée de la Porte d'Aude avec la tour du Petit Canissou, dominée par la tour de l'Inquisition. A droite: la tour carrée de l'Evêque.

## LA CITE D'HIER ET D'AUJOURD'HUI

Celui qui visite la Cité pour la première fois est surpris de découvrir une ville habitée à l'intérieur. Il s'attendait à voir un château et des fortifications et il n'est pas déçu; mais, passé la Porte Narbonnaise, le voilà dans un lacis de rues où se pressent les magasins de souvenirs, les antiquaires, les boulangeries-pâtisseries, les magasins d'alimentation, les Restaurants et les Hôtels. L'été, une immense animation règne dans ces ruelles et sur ces placettes ombragées de platanes. Mais la nuit venue, sous l'illumination, ces pierres mortes en apparence, s'animent et font rêver. Comment vivaient les habitants sous les Vicomtes et sous les Rois? La vie devait être active avec ces gens de métiers se livrant à leurs occupations diverses: les uns tissaient la laine que les femmes avaient filée de leur quenouille, les forgerons frappaient le fer pour les chevaux de guerre; les charpentiers équarrissaient les hourds; les confréries de maîtres-maçons étaient à leurs chantiers. La vie agricole se déroulait autour de la forteresse et sous sa protection. Sous les Trencavel, ce fut la période la plus brillante et aussi celle de la poésie lyrique des Troubadours, mais quand on l'examine de près, on est surpris d'y voir aussi une indépendance civi-que et un respect des droits populaires qui n'ont d'analogue que dans nos temps modernes. Les Troubadours étaient reçus, hébergés et fêtés au Château en toute saison.

Mais, au XIIIᵉ siècle, la Cité était devenue ville royale et place frontière, elle tendra à prendre un aspect exclusivement militaire. D'après les calculs de Viollet-le-Duc, il aurait fallu environ 1323 hommes pour défendre les 48 tours et 4 barbacanes. Il s'agit ici de combattants seulement auxquels il faut ajouter les servants des machines et les ouvriers, soit au moins le double des combattants. En prenant en considération les périmètres des enceintes intérieure et extérieure, qui sont respectivement de 1100 et de 1500 mètres, nous arrivons à la conclusion qu'on employait un homme par mètre courant et que chaque tour et barbacane était gardée par une vingtaine d'hommes, alors que le château devait avoir une garnison de 200 combattants et la Porte Narbonnaise était défendue par une cinquantaine d'hommes. Bref, à cette époque la Cité était une ville de garnison où il y avait environ 4000 habitants. Il est probable que les Lices ou l'espace entre les deux enceintes servait de dépôt de matériaux, d'armes et de bois de charpente. Donc, une immense activité devait régner à tout moment quand on pense aux chantiers ouverts par les rois de France et leurs travaux gigantesques qui rendirent la Cité inprenable.

La Porte d'Aude surplombée d'un mâchicoulis.

## LA TOUR DE JUSTICE

Elle a été substituée au XIII<sup>e</sup> siècle à une tour gallo-romaine et servait, sans doute, de greffe au Tribunal de l'Inquisition. Elle n'offre nulle part des trous pour l'installation des hourds. On évitait ainsi les risques d'incendie que causait une galerie de bois sous la couverture, or, on voulait à tout prix conser-ver les pièces de procédure contre les hérétiques. La salle du premier étage ne présente aucune trace d'appareil militaire. Dans la voûte gothique, formée de six nervures, sont placés, deux à deux, douze crochets. Ils servaient probablement à suspendre les sacs de peau qui renfermaient les archives de l'In-quisition. Le Logis, dit «de l'Inquisition», qui existe toujours, en était une dépendance.

35

La salle du second étage de la tour de l'Inquisition, vue de l'étage supérieur.

# TOUR DE L'INQUISITION

La salle, de forme circulaire, est éclairée par deux grandes fenêtres dont l'embrasure est pourvue de bancs. Entre les deux fenêtres an a trouvé une immense cheminée d'une profondeur d'un mètre quarante, d'une largeur de deux mètres et d'une hauteur de deux mètres trente. Etait-ce ici qu'on chauffait les instruments de tortures? Face à cette cheminée sans four, on a pratiqué deux sortes de loges dans l'épaisseur du mur. Des inscriptions de tout genre, la plupart indéchiffrables, mais en caractères du XIV$^e$ siècle et des siècles suivants sont gravées sur les murs. Dans la loge la plus rapprochée de la porte, on voit un dessin qui représente une femme nue, les mains liées derrière le dos à un po-

teau. Accroupi devant elle, un homme lève un bâton pour la battre. Tout près il y a un Christ en croix. Viollet-le-Duc déblaya l'étage en dessous, qui était rempli de décombres et les ouvriers y découvrirent des ossements. Il n'y a pas d'escalier pour arriver à ce rez-de-chaussée. On était forcé d'y descendre par une trappe pratiquée dans le plancher et au moyen d'une corde ou d'une échelle. Au centre se trouve un pilier en pierre. Des chaînes rivées à ce pilier sont par terre. On n'en saurait douter: nous sommes ici dans un cachot. Telle est la tour construite vers 1280 par Philippe le Hardi, qui concéda à l'évêque dans le voisinage de l'Evêché la partie inférieure de cette tour, qui porte également le nom de la «tour ronde de l'Evêque». Nous savons que l'Evêque avait au début de l'Inquisition (1233) la surveillance directe de ce Tribunal spécial.

Le rétrécissement des Lices entre la tour de l'Inquisition à droite et la tour du Petit Canissou à gauche.

## 1) LA TOUR DU PETIT CANISSOU

Les Lices se rétrécissent entre ces deux tours et l'étroit passage à cet endroit a été amenagé à dessein. Il pouvait être facilement défendu et même bouché pour arrêter l'ennemi qui se serait emparé d'une partie des Lices.

## 2) LA TOUR CARRÉE DE L'EVEQUE, VUE DES LICES

Cette tour doit son nom à l'Evêché qui se trouvait à proximité. Elle est la seule tour qui chevauche les deux remparts. Cette tour du XIIIe siècle servait de poste d'observation et sa plateforme supérieure était destinée à recevoir soit une catapulte, soit un mangonneau pour riposter aux machines de guerre des assiégeants. La tour a également quatre petites tourelles d'observations, appelées « échauguettes », une à chaque angle. Deux sont tournées vers l'extérieur et les deux autres vers l'intérieur, ce qui est significatif: la garnison devait donc se préserver également d'une attaque possible venant de l'intérieur.

## 3) LA TOUR DU GRAND CANISSOU (*Vue de la tour carrée de l'Evêque*)

Au delà de la tour carrée de l'Evêque, les Lices continuent à s'élargir entre les grands murs en bossage, protecteurs de l'ancien évêché et le crénelage peu élevé de l'enceinte extérieure. La tour du grand Canissou construite par Saint-Louis est dominée par la tour Cahuzac de l'enceinte intérieure.

## 4) LA TOUR DU GRAND BURLAS (*Vue du fosse extérieur*)

La tour du Grand Burlas fut construite par Saint Louis avec un soin tout particulier au point le plus exposé de la Cité. Elle interrompt le chemin de ronde et forme un grand ouvrage à demi isolé. Le chroniqueur Carcassonnais Besse, qui vivait au XVIIe siècle, parle de la « Barbacane du Grand Burlas », il y avait donc une issue de ce côté là.

## 5) LA TOUR DU MOULIN DU MIDI ET, AU FOND, LA TOUR MIPADRE

Le nom de la tour s'explique du fait qu'on avait élevé un moulin à vent sur cette tour. Côté ville, un large escalier permettait de descendre dans le vaste espace appelé « le Cloître ou Clos Saint-Nazaire », terrain, qui est à présent en partie occupé par le grand théatre en plein air de la Cité, où on donne des spectacles au cours du Festival de la Cité, au mois de Juillet.

## 6) LA TOUR SAINT-NAZAIRE

Comme la tour de l'Evêque, elle est de forme carrée et munie de quatre échauguettes. Elle formait une forteresse complète. Elle pouvait s'isoler des chemins de ronde avoisinants; un puits et un four la complètent pour en faire la gardienne vigilante de la Poterne Sud, amenagée dans l'enceinte extérieure et de la Barbacane, désignée sous le nom de Tour Crémade.

3 4

5 6

## LA TOUR DU MOULIN DU MIDI

Dans la restauration de cette tour, Viollet-le-Duc n'a pas tenu compte de l'installation d'un moulin. Il est temps d'expliquer qu'il ne faut pas attacher une trop grande importance à la dénomination des tours, qui furent souvent nommées en fonction de leur affectation, de leur voisinage ou la demeure d'un personnage. Cependant les noms des tours, faux ou vrais, nous sont indispensables pour désigner telle ou telle tour. D'autre part, l'existence de moulins, à l'usage exclusif de la garnison est difficilement contestable depuis l'apparition du moulin à vent au XIIIe siècle. L'installation d'un moulin ici était toute naturelle; il y a un four dans chacune des deux tours voisines de Mipadre et de Saint-Nazaire; l'eau pouvait être fournie aux ouvriers boulangers par le puits de cette dernière. On réalisait ainsi l'idéal des constructeurs de forteresses: une garnison qui se suffisait à elle-même dans un siège prolongé.

## LA TOUR DES PRISONS

Dans la salle du rez-de-chaussée on distingue les trous qui ont servi à sceller des grilles de fer devant les meutrières. Des graffiti sur les murs sont probablement l'oeuvre de prisonniers, mais de prisonniers peu dangereux, puisqu'on ne les privait ni d'air, ni de lumière, comme ceux de la tour de l'Inquisition et qu'on les laissait dans le voisinage immédiat d'une porte ouvrant sur la Cité.

*Photo de dessus*: La tour du Moulin du Midi, vue de la Cité.
*Photo de dessous*: La tour des Prisons.

La Basilique Saint-Nazaire et Saint-Celse, vue générale du Sud.

# LA BASILIQUE SAINT-NAZAIRE

On aperçoit en avant du transept méridional une chapelle construite dans la seconde moitié du XIII<sup>e</sup> siècle, c'est la chapelle Radulphe. On remarque les traces de trois arceaux, qui faisaient partie du «Cloître ou Clos Saint-Nazaire», disparu depuis. Rien ne prouve qu'un tel monument ait vraiment existé. Ce qui a disparu avant 1792, ce n'est, sans doute, pas un édifice cloître, mais la vie claustrale. Les chanoines étaient groupés dans cette enceinte de muraille qu'une bulle du Pape Grégoire IX, datée de 1226, appelle les «clausuae locorum», tout en habitant des maisons ou cellules distinctes. Ils avaient en commun un réfectoire, un cellier, une sacristie, une cuisine, une infirmerie, un préau, un puits, des magasins et des granges. Tout cela formait un ensemble, appelé le Cloître. Derrière la chapelle se dresse la Basilique. L'édifice se divise en deux parties: à gauche, la nef romane des XI<sup>e</sup> et XII<sup>e</sup> siècles et à droite, le transept et choeur gothiques des XIII<sup>e</sup> et XIV<sup>e</sup> siècles. Viollet-le-Duc disait dans son rapport qu'il fit au Ministère des Beaux-Arts, que la Cité toute entière était un musée et que le bijou de ce musée était son église. La Basilique Saint-Nazaire et Saint-Celse, qui fut église cathédrale jusqu'en 1801, s'élève sur l'emplacement d'une cathédrale carolingienne. Ce monument a suivi le sort de la forteresse. A mesure que le bourg neuf ou Ville-Base prit de l'importance, la Ville Haute ou, la Cité, déclina. Les évêques s'habituèrent de plus en plus au séjour de la Ville Basse et vers 1745 l'évêque Bazin de Bezons rendit ce séjour définitif en s'installant dans le vaste édifice qu'il avait fait construire et qui sert de nos jours d'Hôtel de la Préfecture.

Les travaux de la Cathédrale romane commencèrent vers la fin du XI<sup>e</sup> siècle et c'est en Juin 1096, lorsqu'il vint prêcher la première Croisade en Terre Sainte, que le Pape Urbain II a béni l'église, ainsi que les matériaux préparés pour l'achever. L'église romane dura dans son intégrité aussi longtemps que l'indépendance de Carcassonne sous ses Vicomtes. Mais, lorsque le Nord eut vaincu le Midi, lorsque le Roi de France fut devenu le maître définitif de la Cité, ce changement se manifesta aussi dans l'église. De 1255 à 1266, Carcassonne eut pour évêque Guillaume Radulphe, homme du Nord, qui fut le précurseur de l'architecture gothique à Saint-Nazaire. En 1263, ce prélat obtint du roi l'autorisation d'agrandir l'infirmerie du chapître et sur cet emplacement acquis, il fit construire la chapelle qui porte son nom. Depuis sa mort en 1266, elle contient son tombeau qui est une merveille du plus pur gothique.

La tour octogonale de la partie gothique de Saint-Nazaire, vue de l'interieur de la cité.

# L'INTERIEUR DE LA BASILIQUE SAINT-NAZAIRE ET SAINT-CELSE

Quand on entre dans l'église, on se trouve en présence d'une architecture à l'aspect sévère, devant une enfilade de piliers carrés flanqués de quatre demi-colonnes engagées et de gros piliers circulaires. Les chapiteaux ont des décorations variées. Nous sommes donc dans la nef romane, qui fut, comme nous l'avons déjà dit, commencée à la fin du XIᵉ siècle et terminée au XIIᵉ siècle. Cette nef romane est divisée par les piliers en trois parties; la nef centrale, dont la voûte est en berceau brisé ayant été appareillée plus tard et les deux bas-côtés qui sont couverts chacun d'un berceau en plein-cintre, dont les retombées se font au niveau de celles de la voûte de la nef. Ils l'épaulent ainsi directement, et nef et bas-côtés peuvent être couverts d'une commune toiture à deux versants. La nef se compose de six travées. Quand on s'avance dans cette nef centrale et qu'on porte ses regards vers le sanctuaire, on est ébloui par mille rayons de lumière, aux couleurs les plus variées, reflétées par les vitraux splendides qui entourent le chevet de l'église. Ce n'est que le prélude des impressions qui attendent le visiteur de cet admirable monument. Cette partie gothique dont une partie remplaça le chevet roman fut commencée après 1269, date à laquelle Saint-Louis concéda à l'évêque et au chapître «deux cannes de la rue joignant l'église pour en réparer ou fonder le chevet». Des architectes du Nord ont, sans doute, dirigé ces travaux. Cette union du style roman avec le style gothique est le caractère dominant de Saint-Nazaire. Il n'y a pas là simple juxtaposition, mais un accord voulu et l'harmonie des contrastes symbolise l'union des deux «Frances», celle du Nord avec celle du Midi. Le transept et choeur sont de forme ogivale et la voûte du sanctuaire semble être portée par les vitraux. Contre les colonnes du sanctuaire il y a 22 personnages, qui représentent: le Christ, la Vierge, les douze Apôtres, six Saints et deux Anges. Ces statues sont du premier quart du XIVᵉ siècle. Dans tout le pourtour du sanctuaire règne une arcature, qui est comme une galerie ogivale supportant les vitraux du choeur. Des arcs partent de chaque pilier et vont s'appuyer sur un colonette entre deux arcatures. Ils sont ornés au point de départ et au point de jonction, de chapiteaux représentant les sujets en apparence les plus bizarres et fantastiques: ce sont des anges qui tiennent l'encensoir, d'autres qui déploient des bandelettes; il y a des hommes, les uns en costumes de religieux, d'autres qui ont le corps tout disloqué, d'autres qui ont le corps d'un homme et la tête d'un animal; on voit un berger jouant de la cornemuse, une truie allaitant ses petits, des oiseaux, des serpents, des singes, des têtes de veau, des renards et que sais-je? Tout cela doit certainement avoir une signification symbolique qui nous échappe.

Balustrade, Modillons et Gargouilles de la partie gothique de Saint-Nazaire, vus de l'interieur de la cité.

L'Abside de Saint-Nazaire.

# L'ABSIDE DE SAINT-NAZAIRE

Formé par le développement du transept et de l'abside, ce côté est fort élégant et gracieux. Les contreforts sont minces et élancés, de même les meneaux qui séparent les fenêtres. La toiture de toute la partie ogivale est couronnée par une balustrade ajourée, en partie en feuilles lancéolées, en partie en lobes arrondis. De gracieux clochetons surmontent les contreforts et donnent à l'édifice un remarquable aspect de légèreté. Sous les corniches il y a un rang de modillons présentant des têtes aux aspects les plus divers.

### QUI ETAIT SAINT-NAZAIRE?

Grâce à l'«HISTORIA LOMBARDINA» ou légende dorée par Jacques de Voraggio, un dominicain, né près de Gênes vers 1230, nous savons que Nazaire était le fils d'Afranius, juif très illustre et de sainte Perpetue, romaine très chrétienne, baptisée par Saint-Pierre. Nazaire suivit l'exemple de sa mère et fut baptisé. Devant les dangers des supplices qui étaient utilisés contre les chrétiens, ses parents le supplièrent de quitter Rome. Il partit accompagné de sept samaritains, chargés des richesses de ses parents et les distribua aux pauvres. Sa mère, qui était déjà décédée, lui apparut dans un rêve et lui conseilla d'aller en Gaule. Suivant ce conseil, Nazaire a dû traverser notre région dans laquelle on trouve souvent des églises ou lieux portant son nom, pour se rendre à Saint-Nazaire, sur la côte atlantique. Mais, il fut rattrapé et conduit, enchaîné, à Néron et comme un enfant du nom de Celse pleurait, les soldats l'accablèrent de soufflets et le forcèrent de le suivre. Lorsque Néron vit les deux prisonniers, il ordonna de les enfermer dans un cachot. C'est alors qu'une multitude de bêtes fauves envahirent le

Basilique Saint-Nazaire: la nef et le choeur.                                    La nef romane et les orgues.

jardin de Néron, où ils déchirèrent presque tout le
monde. Néron, pensant que Nazaire et Celse étaient
la cause du mal, il commanda aux soldats de s'en
défaire à tout prix. Leur tentative échoua et les deux
Saints ont pu aller jusqu'à Milan où, cependant, ils
périrent ensemble, décapités.

## LA NEF ROMANE ET LES ORGUES

L'orgue existait déjà en 1522, en remplacement d'un
orgue encore plus ancien. En 1614, l'orgue avait 37
tuyaux et possédait 7 jeux. A la fin du XVIIᵉ siècle,

le facteur d'orgue Jean de Joyeuse le restaura et pro-
posa un projet d'agrandissement. En 1772, Jean-
Pierre Cavaille fut chargé de la réparation et de
l'agrandissement de l'instrument et plaça le positif
actuel sur l'avant de la tribune et dota l'orgue de
jeux de pédales. A la fin du XIXᵉ siècle, l'orgue fut
restauré par Michel Roger, facteur d'orgues à Bor-
deaux. Sa restauration porta principalement sur la
soufflerie, sur la mécanique des claviers et les leviers
et mécanismes furent remis à neuf. La soufflerie fut
électrifiée en 1925. Depuis, l'Orgue a été classé
grâce à la Société des Amis de l'Orgue et les restaurations nécessaires seront effectuées par les soins
des Monuments Historiques.

## BENITIER
## DU XIIᵉ siècle

Ce bénitier est formé d'une coupe à six faces plates taillées en torsades, reposant sur une sorte de plinthe et sur un fût de colonne torse.

## CUVE BAPTISMALE

Au fond de la nef à droite, les Fonts baptismaux sont installés dans la chapelle de Notre-Dame-des-Bonnes Nouvelles, érigée en 1430 pour perpétrer la bonne nouvelle de la prise d'Orléans par Jeanne d'Arc.

## TOMBEAU
## DE PIERRE DE ROCHEFORT

Dans la chapelle Saint-Jean, autrefois appelée chapelle Saint-Pierre, qui fut construite par Pierre de Rochefort, évêque de Carcassonne de 1300 à 1321, on a appliqué, après sa mort, contre le mur occidental, le très intéressant monument élevé à sa mémoire. L'évêque, revêtu de ses ornements sacerdotaux, est escorté de deux diacres; chacun des personnages occupe une arcade ogivale. A leurs pieds défile une procession de prêtres et de moines, figurant, sans doute, la cérémonie de la sépulture du pontife. Pierre de Rochefort est représenté debout, tenant sa crosse de la main gauche. Sur la boucle ronde qui sert d'agrafe à son manteau on voit l'agneau pascal portant un étendard, qui est de la Ville Basse de Carcassonne; sur les bords de la chape sont brodés des « rocs d'échiquier », le blason de l'évêque. La dalle funéraire est placée en avant du tombeau. Dans la même chapelle se trouvent les statues de Saint-Pierre et Saint-Paul, qui datent du XIVᵉ siècle.

Tombeau de Pierre de Rochefort.

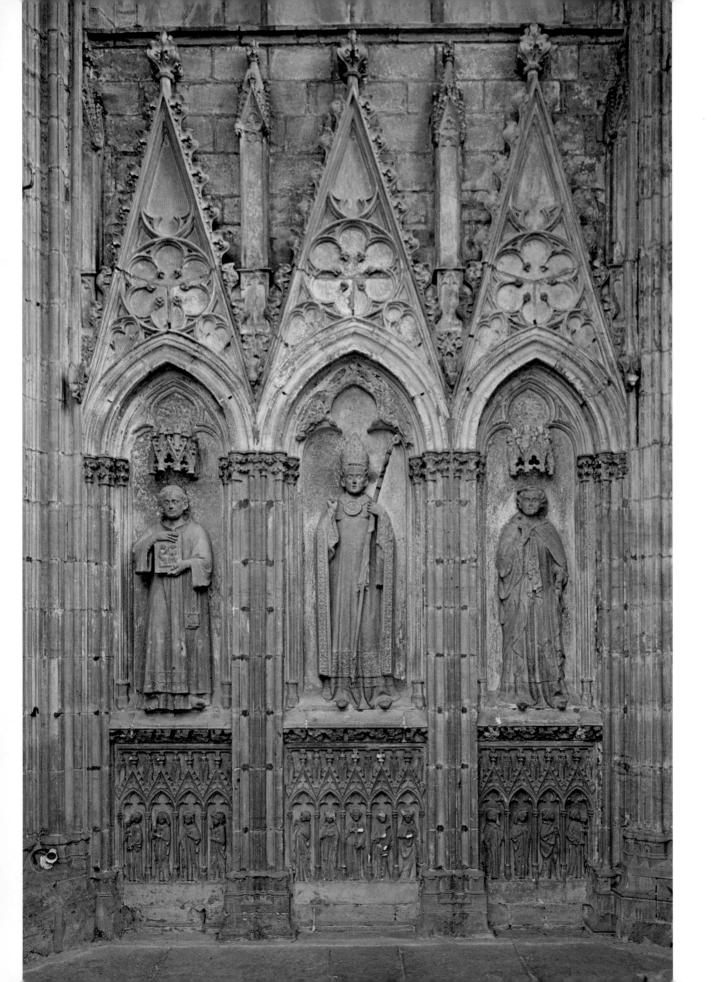

*Photo de dessus*: La Chaire de Saint-Nazaire, époque Empire.

*Photo de dessous*: La statue de Saint Antoine de Padoue.

## LA CHAPELLE SAINT ANTOINE

Cette chapelle, qui est la première en entrant à gauche, masquait une partie du portail roman et a donc été supprimée, lors des restaurations; il n'en reste plus qu'un arc surbaissé du XVIe siècle, doublé d'un arc supérieur en accolade.

## LES VITRAUX DU CHOEUR
*De gauche à droite*

**Premier vitrail:** C'est une «grisaille» qui a été refaite par Viollet-la-Duc avec les restes d'un vitrail du XVIIIe siècle.

**Deuxième vitrail:** Il est du XIVe siècle et divisé en deux compartiments: à gauche c'est une suite de scènes représentant la vie de Saint-Pierre; à droite on voit celle de Saint-Paul. Il faut regarder de bas en haut pour lire ces deux biographies.

**Troisième vitrail:** Ce vitrail à grands personnages est du XVIe siècle. A gauche dans le bas, la mère de Saint-Celse présente son fils à Saint-Nazaire. Au plan supérieur sont représentés Saint Sernin et Saint Gimer.

**Quatrième vitrail:** Ce vitrail à petits personnages, divisé en seize compartiments, pourrait être le plus ancien de tous et dater du début du XIVe siècle.

Il représente 16 scènes principales de la vie de Jésus-Christ. Pour les suivre, il faut prendre la première scène en bas, à gauche, puis la première à droite, et ainsi de suite.

**Cinquième vitrail:** Ce vitrail à grands personnages est du XVIe siècle. Les deux sujets principaux sont la présentation de la Vierge au Temple, en bas, et la Nativité de la Vierge, en haut.

**Sixième vitrail:** Ce vitrail est du XIVe siècle et représente les seize scènes principales de la vie de Saint-Nazaire et de Saint-Celse. On doit lire de bas en haut et de gauche à droite.

**Septième vitrail:** C'est un vitrail moderne comme le premier vitrail à gauche.

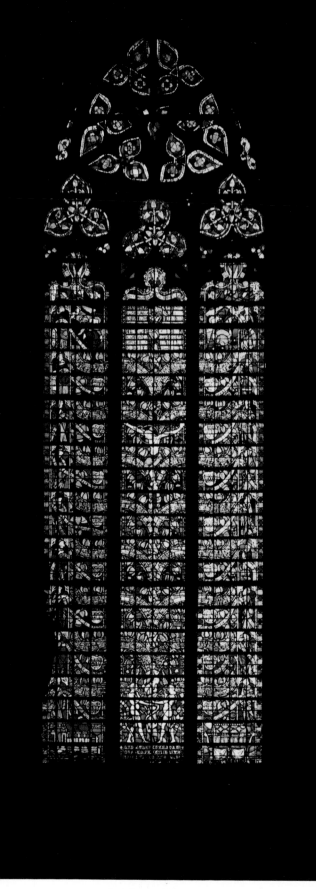

«L'Arbre de Vie».

«L'Arbre de Jesse».

*Photo de dessus*: Rosace Nord.

*Photo de dessous*: Rosace Sud.

## L'ARBRE DE VIE

Ce vitrail est du XIVe siècle et un texte de St Bonaventure est inscrit sur une banderole le long de la verrière. Viollet-le-Duc a fait réparer le bas du vitrail par le peintre parisien Gérente, qui a substitué aux quatre fleuves du Paradis l'image d'Adam et Eve, entourés de l'arche de Noé et de l'arche d'alliance, ainsi changeant l'Arbre de Vie en Arbre de Mort. L'inscription suivante tente de réparer l'erreur: «*QUE LIGNO VETUS ADAM MORTEM PROTULIT NOVUS ADAM VITAM RETULIT*». Ce vitrail se trouve dans la chapelle Sainte-Croix, à droite du choeur.

## L'ARBRE DE JESSE

Ce vitrail du XIVe siècle se trouve dans la chapelle Notre-Dame, à gauche du Choeur. On voit représenté dans le haut de la fenêtre le jugement dernier. Dans les deux compartiments de droite et de gauche il y a une suite de médaillons, renfermant les prophètes qui sont au nombre de 16. Dans cet arbre généalogique de Jésus, tous ses ancêtres ne sont pas représentés. On voit de bas en haut: Jessé, David, Salomon, Roboam, Abias, Asa, Josaphat et Joram.

## LA ROSACE NORD

Cette rosace est plus ancienne que la rosace sud et date, sans doute, du début du XIVe siècle. Le sujet central est la Reine des cieux assise sur son trône et tenant l'Enfant Divin sur ses genoux. Elle est entourée d'anges, de prophètes et de saints.

## LA ROSACE SUD

Elle date du XIVe siècle et son sujet central est le Christ en Majesté, le Christ enseignant, tenant un livre de la main gauche; au bas, dans les deux côtés formant angle, on voit Saint-Pierre et Saint-Paul. De chaque côté du Christ est représenté le blason de Pierre de Rochefort: les trois rocs d'échiquier.

Bras sud du transept de Saint-Nazaire.

*Photo de dessus*: Gisant de l'évêque Géraud du Puy.

## GISANT DE L'EVEQUE GERAUD DU PUY

A droite de la chapelle Notre-Dame, sous une riche arcade ogivale, on voit le tombeau d'un évêque, probablement celui de Géraud du Puy, évêque de Narbonne, mort vers 1420. La statue est d'albâtre et le prélat est représenté couché, les pieds posés sur un lion.

*Photo de dessous*: La pierre du Siège.

## LA PIERRE DU SIEGE

C'est ainsi qu'on a pris l'habitude de désigner le curieux bas-relief, qui est vraisemblablement le fragment d'un sarcophage. Cette pierre se trouve scellée contre un mur de la chapelle Saint-Laurent, fondée en 1324 par l'évêque Pierre de Rodier. On y voit la représentation d'un siège et bien que la pierre soit de la première moitié du XIIIe siècle, on n'a jamais pu savoir s'il s'agissait du siège de Carcassonne de 1209, de celui de 1240, ou bien du siège de Toulouse de 1218, là, où Simon de Montfort trouva la mort.

La Pietà

La Trinité

Sainte-Anne (en terre cuite).

Notre-Dame de la Santé (en terre cuite).

Les Lices Hautes.

# LES LICES HAUTES

Une promenade dans les Lices est l'indispensable complément de la visite de l'enceinte intérieure. En effet, c'est surtout en circulant au bas des tours qu'on peut se rendre compte de la manière dont a procédé chaque époque pour tirer parti de ce qu'avait fait sa devancière, tout en utilisant des méthodes défensives nouvelles. En sortant de la Porte Narbonnaise et en se dirigeant à droite avant de traverser le pont-levis, on se trouve dans les Lices Hautes, l'espace entre les deux enceintes. La première tour à droite est la tour du Sacraire de Saint-Sernin où on peut voir la fenêtre gothique de l'église disparue. La seconde tour à droite est la tour du Trauquet, suivie d'un bâtiment carré qui renfermait un escalier conduisant dans un so terrain pratiqué

sous les lices. Cette large salle souterraine servait de poste et de réduit en cas de retraite ou de sortie; elle pouvait loger une quarantaine de soldats. De ce réduit, on pouvait sortir dans le fossé extérieur par la poterne de la tour de la Peyre, qui est la première tour à gauche sur notre photo. La troisième tour à droite est la tour Saint-Laurent, suivie de la tour Davejean, qui porte vers le milieu quelques assises de gros blocs de pierres de l'époque romaine. La dernière tour à droite sur la photo s'appelle Balthazar; elle est de la fin du XIIIe siècle et caractérisée par la pierre à bossage. Elle fait face à la tour de la Vade. Après le Traité des Pyrénées, en 1659, lorsque la Cité avait perdu son importance stratégique et militaire, ce côté des Lices était encombré de masures que Viollet-le-Duc a dû faire démolir lors des restaurations.

*En haut à droite*: La tour Balthazar.

*En haut à gauche*: La tour du Trauquet.

*Photo du bas*: La tour de la Peyre, vue du Pont-Levis.

# LA TOUR DE LA VADE

Cette tour est un véritable donjon. Elle fut une des premières constructions de Saint Louis et lorsqu'il fit bâtir l'enceinte extérieure vers le milieu du XIII$^e$ siècle, la tour de la Vade, isolée d'abord, fut incorporée dans cette enceinte. Bâtie sur un roc, elle a cinq étages qui renferment des cheminées, un four, des latrines et un puits d'une profondeur de près de 26 mètres. Son nom vient du languedocien «bada», qui signifie «regarder». En effet, du haut de cette tour, on voit le seul point qui domine la Cité. Une poterne lui permet l'accès dans le fossé extérieur. Voilà le quartier général des «Mortes-Payes», compagnie d'élite fondée par Saint Louis, qui était composée de 220 hommes à l'origine. La charge de morte-paye était héréditaire et perpétuelle, d'où son nom. Elle avait à sa tête un Prévôt ou Connétable, mais le véritable Chef était le roi. Chaque dimanche, ils venaient s'exercer dans les Lices au tir de l'arbalète; un oiseau de bois, placé au sommet de la tour, leur servait de cible. La tour de la Vade commande une grande partie du fossé extérieur.

## LA TOUR DU TRESAU
## OU TRESOR

Elle renforce les défenses de la Porte Narbonnaise et est une des plus belles de la Cité. Elle a 30 mètres de hauteur, comble compris et ses murs ont quatre mètres d'épaisseur. Vue de l'intérieur, cette tour a une allure flamande avec son pignon, entouré de deux tourelles de guet. Son nom lui vient de son affectation aux services de la Trésorerie royale. Elle est de la fin du XIIIᵉ siècle, comme ses voisines, les tours Narbonnaises.

## LA TOUR DU MOULIN
## DU CONNETABLE

Cette tour est la première des anciennes tours romaines qui ait subsisté de ce côté. Elle a été remaniée au XIIᵉ siècle et, bien entendu, son crénelage date du XIXᵉ siècle. De l'époque féodale date la voûte en cul-de-four, qui supporte le premier étage. Sur un plan de 1467 est marqué un moulin fixé sur cette tour. Il est avéré que le Connétable, commandant des «Mortes-Payes» avait un logis particulier dans la Cité. Il se peut que ce logis se soit trouvé près de cette tour qui aurait pris son nom.

## LA TOUR
## DE LA MARQUIERE

Cette tour fait partie de la vieille enceinte gallo-romaine, reprise en sous-oeuvre sous Saint-Louis. Elle a comme ses voisines toutes les caractéristiques des tours romaines, construites lors des invasions barbares. Elle est semi-circulaire du côté de la campagne, plate du côté de la ville et construite en petit appareil avec des cordons de briques rouges qui servaient à rétablir ou maintenir les niveaux. Sa base est pleine jusqu'au niveau de la courtine et son premier étage communique avec le chemin de

La tour du Trésau à droite et la tour Berard à gauche.

*Photo de dessus:* La tour du moulin du Connetable.

*Photo de dessous:* La tour de la Marquiere.

La poterne de Rodez, la tour de Samson et la tour du Moulin d'Avar.

ronde par deux portes faciles à barricader. Elle n'a pas de meurtrières et vers l'extérieur s'ouvraient trois fenêtres en plein cintre. Une autre fenêtre pratiquée dans la façade plate de la tour regardait l'intérieur du «castrum». Le deuxième étage était relié au premier par une échelle.

# UNE PARTIE DU FRONT GALLO-ROMAIN DE L'ENCEINTE INTERIEURE

La poterne de Rodez, située au Nord, est un ouvrage du XIIIᵉ siècle, qui a probablement remplacé l'ancienne porte romaine. Les deux tours représentées sur notre photo sont typiquement gallo-romaine, mais reprises en sous-oeuvre au XIIIᵉ siècle et restaurées au XIXᵉ siècle. Les secteurs nord et nord-ouest de l'enceinte intérieure offrent les fragments les plus nombreux de l'époque gallo-romaine. Les courtines avaient une hauteur de 4.50 à 6 mètres à l'ouest, en raison de l'escarpement du coteau sur ce front. Ailleurs, leur hauteur était de 7 à 8 mètres. Ces tours sont assez rapprochées les unes des autres, ayant été conçues pour les armes de jet et la portée de l'arc. A partir de Saint Louis, le doublement de distance entre tours était justifié par l'emploi généralisé de l'arbalète.

La montée de la Porte d'Aude, front Ouest de la Cité.

# LE FRONT OUEST DE LA CITÉ

Le front Ouest de la Cité était le seul à être protégé par la nature. La pente abrupte que nous voyons sur la photo et l'Aude, qui coulait autrefois plus près de la colline. On a cependant multiplié les défenses même de ce côté là.

Le chemin relativement moderne qui monte du Faubourg de la Barbacane à la Porte d'Aude tourne brusquement à gauche en direction du château et on se trouve dans ce vaste enclos fortifié dont nous avons donné une brève description à la page 30. Les murailles de cet enclos méritent pourtant une attention toute particulère. D'abord, en entrant dans l'enclos, on voit à droite un petit poste, sans doute couvert autrefois. Derrière le poste s'ouvre, dans la direction du sud-ouest, une porte ogivale, appelée «la porte du Sénéchal», qui mène aux Lices hautes sous un grand mur transversal. Ce formidable mur crénelé, qui barre ainsi deux issues à la fois, servait à une double fin: il arrêtait toute attaque venant du chemin de la Barbacane vers la porte d'Aude et il empêchait toute attaque venant du côté des Lices. La courtine qui commence à gauche est couronnée d'un crénelage, qui s'exhausse en même temps que la muraille et le sol. Un chemin de ronde, dont les niveaux successifs sont reliés par des escaliers, permettait de garnir cette courtine de défenseurs. A droite se trouve l'enceinte intérieure encore beau-coup plus élevée. Il fallait donc prévoir le cas où l'envahisseur ayant pénétré dans cet enclos fortifié, les assiégés auraient eu à se replier dans l'intérieur. Une porte à droite avec son seuil pour ainsi dire «suspendu en l'air» servait à cet usage, sans qu'on eut besoin d'ouvrir la porte derrière laquelle un escalier mène à la porte d'Aude, proprement dite. Dans cet enclos, on voit, à gauche, un bloc de pierre qui indique l'emplacement d'une citerne dont l'entrée est amenagée dans l'épaisseur même de la courtine. Ceci nous amène tout naturellement à la question de l'approvisionnement en eau. Nous savons déjà que le défaut d'eau fut fatal à Raymond Roger Trencavel, parce que la sécheresse avait tari les puits et les citernes au mois d'Août 1209. Mais, surtout, comme dit la chanson de la Croisade «parce qu'on leur avait enlevé l'eau qui s'appelle Aude». Car, voilà, la seule partie véritablement faible de la Cité, la seule à laquelle les ingénieurs royaux furent également impuissants à remédier d'une façon complète, tout en creusant encore plusieurs puits dans la Cité. Les Romains, passés maîtres en cette matière, semblent avoir capté des eaux vives, réunies au côteau de Pech-Mary, à l'est, et de les avoir amenées à la Cité par un aqueduc, dont M. Cros-Meyrevieille aurait vu les restes. Actuellement, nous avons vingt-deux puits et citernes dans la Cité, y compris les deux puits publiques: le grand puits et le puits du Plô.

# L'EMBRASEMENT
# DE LA CITÉ,
# LE 14 JUILLET

Des flammes percent l'obscurité soudaine et voilà que la Cité brûle de mille feux! Est-ce le Prince Noir qui est revenu pour incendier cette-fois-ci la Cité? Est-ce la suprême convulsion dans des torrents de fumée et de lueurs rouges? Des fusées éclatent! Ces bruits sont-ils des cris de détresse et d'appel ou est-ce le bruit des armes et des catapultes lançant leurs pierres mortelles? Cette fumée vient-elle des feux chauffants les chaudrons d'huile bouillante et de plomb fondu? A cette heure là, la Cité, se dresse dans le pourpre de sang qu'elle versa pour sa défense et sa survie. Et si nous nous laissons emporter par notre imagination, des revenants surgissent de ces murs magiques: Raymond-Roger Trencavel, Simon de Montfort, Saint Louis, Philippe le Hardi! Tout ce monde d'hier est devant ceux qui savent les voir!

L'Embrasement de la Cité.

# Les cathares

Entre le XIe et le XIIIe siècle, on vit naître puis s'épanouir dans quelques régions d'Europe occidentale un mouvement réformateur qui prit différents noms selon les pays. Dans le midi de la France, ce mouvement fut dit "cathare" ou "albigeois" (à la suite de la conférence qui se tint au château de Lombres, près d'Albi, en 1165 et qui vit s'affronter hérétiques et catholiques). Ses adeptes prirent le nom de "cathares" (du grec *katharos*, pur) ou "parfaits".

Opposés à l'Église, qu'ils appelaient "grande prostituée" et "synagogue de Satan", les cathares prônaient un renouveau moral absolu. Pour eux, le monde était divisé en deux entités fondamentales: le Bien et le Mal. Dieu étant le créateur de l'esprit et Satan celui de la matière.

Au plan de l'éthique, ce dualisme se traduisait par une sorte d'ascétisme extrême qui préconisait la condamnation du mariage et de la procréation, l'interdiction de la propriété privée et de l'emploi des armes, la défense de prêter serment et, pour tous, l'obligation de travailler. Le seul sacrement reconnu était le "consolament" (*consolamentum*), une imposition des mains qui permettait de racheter les péchés et de retrouver la pureté originelle de l'âme.

Les cathares, qui avaient leur propre hiérarchie ecclésiastique, se définissaient eux-mêmes comme des "bons-hommes" et des "bon chrétiens"; mais, pour Bernard de Clairvaux, il n'étaient autres que des "apôtres de Satan".

Inquiétée par l'expansion et le renforcement de l'hérésie cathare dans le Languedoc, la papauté romaine, en la personne d'Innocent III, y voyait une menace pour l'unité chrétienne. La mort du légat Pierre de Castelnau, survenue dans des circonstances mystérieuses en 1208 à Saint-Gilles, servit de prétexte pour déclencher la croisade contre les hérétiques cathares et tous ceux qui les soutenaient, soit pour des motifs religieux, soit par intérêt politique. Suivirent alors de longues années de lutte acharnée, faite de sièges et de batailles, d'assassinats et de représailles, de massacres et de tortures; de longues années obscures que n'éclairait que la lueur des bûchers dressés pour brûler les hérétiques.

Les croisades contre les cathares se poursuivirent pendant tout le XIIIe siècle. Ce n'est qu'au début du XIVe siècle que le catharisme fut éradiqué, à la mort de Guillaume Bélibaste, brûlé vif à Villerouge-Termenès en 1321.

# LES CHATEAUX CATHARES

### Château de Peyrepertuse

Pratiquement inaccessible, du haut de ses 800 mètres d'altitude, le château de Peyrepertuse est certainement le plus grand et le mieux conservé de tous les châteaux féodaux de la région. Contrairement aux autres, Peyrepertuse ne fut pas assiégé car il préféra se rendre au roi de France en 1240. Transformé en bastion défensif sur la frontière pyrénéenne, Peyrepertuse abrita même une petite garnison jusqu'à la Révolution. À l'intérieur de ses doubles remparts, le château de San Jordi est une véritable forteresse dans la forteresse avec son incroyable escalier taillé dans le roc, comme suspendu au-dessus du vide.

### Château de Queribus

Situé à 730 mètres d'altitude, en plein cœur des Corbières, Queribus se dresse comme le prolongement naturel de l'éperon rocheux qu'il domine du haut de sa puissante tour. À l'intérieur du donjon, la "Salle du pilier" est une superbe salle gothique dont la voûte repose sur un seul pilier central d'où rayonnent quatre croisées d'ogive et huit délicates nervures.

## Château de Lastours

Au nord de Carcassonne, sur une arête rocheuse de 400 mètres de long et 50 de large, se dressent quatre fortifications qui, ensemble, forment Lastours: Cabaret, Tour Régine, Fleur-Espine et Quertinheux. Quatre châteaux qui, tels des nids d'aigle, dominent tout le paysage sous-jacent. Ils ne se rendirent jamais aux soldats de Simon de Montfort qui tenta en vain de les prendre d'assaut: ils étaient imprenables, trop difficiles à attaquer dans un endroit qui interdisait l'emploi des machines de guerre.

## Château de Puylaurens

Caractérisé par de beaux remparts crénelés ponctués de tours rondes, le château de Puylaurens était le fief de Chabert de Barbaira, un cathare aux profondes convictions religieuses, qui le défendit farouchement mais fut contraint de capituler en 1256. Le château servit ensuite de place forte défensive sur la frontière espagnole et subit de nombreux remaniements. Pourtant, ses ruines imposantes n'ont rien perdu de leur charme: elles abriteraient même le fantôme de la Dame Blanche…

### Château de Puyvert

Autrefois, à l'époque du seigneur Arpaïx de Mirepoix, le château de Puyvert était égayé par les douces mélodies des trouvères contant leurs belles histoires d'amour courtois. Puis, il fut lui aussi entraîné par la vague de répression de l'hérésie cathare: en 1210, il ne résista que trois jours à l'assaut des troupes de Simon de Montfort.

Pourtant, le souvenir du bon temps demeure encore dans la "Salle des musiciens" dont les huit consoles de pierre de taille ne représentent ni des armes, ni des scènes de bataille mais des musiciens et leurs instruments aujourd'hui oubliés: la cornemuse et le tambourin, la viole et l'orgue, le luth et le psaltérion, le rebec et la giterne*.

### Château de Montségur

L'histoire, le drame, la destinée, de Montségur commença un jour de 1232 quand Guilhabert de Castres - fils de Gaucelm, l'évêque de Toulouse - se rendit chez le seigneur des lieux, Raymond de Péreille, pour lui demander que son château devienne le "domiciulium et caput" de l'église cathare.

Dès lors, ce qui n'avait été qu'un petit village fortifié accroché à un "pog" à 1.207 mètres d'altitude, devint un refuge, un lieu sûr pour la foi cathare. C'est du haut de cette montagne que la forte communauté des "parfaits" tint fièrement tête à Paris et à Rome. C'est de là qu'en 1242 partit l'expédition armée qui assassina les inquisiteurs Guillaume Arnaud et Étienne de Saint-Thibery à Avignonnet. Aux yeux du pape et du roi, Montségur était devenu l'ennemi à abattre, "une hydre à décapiter" comme déclarait la régente Blanche de Castille.

Le siège - terrible - de Montségur commença pendant l'été 1243 et dura jusqu'au 1er mars 1244, date à laquelle Pierre Ro-

ger de Mirepoix, homme de guerre et co-seigneur des lieux, demanda une trêve de 15 jours avant de se rendre. Les cathares vaincus durent alors choisir: abjurer (et avoir la vie sauve) ou être brûlés vifs. C'est ainsi qu'après avoir reçu le "consolament" des mains des

évêques, deux cents vingt-cinq "parfaits", hommes et femmes, choisirent de ne pas renier leur foi et montèrent sur les grands bûchers qui avaient été dressés à l'endroit qui fut dès lors appelé "Prat des Cremats", le pré des brûlés.